Gracious to Grow

Faith Journal

Tiara Randle

This

Gracious to Grow
Faith Journal

belongs to:

_____

But may the God of all grace, who called us to His eternal glory by Christ Jesus, after you have suffered a while, perfect, establish, strengthen, and settle you.

1 Peter 5:10 NKJV

Dedication

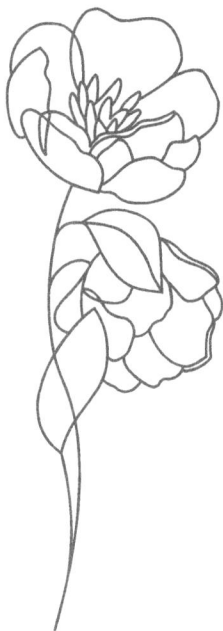

To God –

Thank you for trusting me with this journal. Thank you for your grace through my many growing seasons. Thank you for your love. Thank you for your pruning. Thank you for bringing me into your perfect will for my life. Thank you for never giving up on me. Thank you for meeting me in the pages of notebooks, post-it notes, journals, and random sheets of paper. Thank you for this gift. May I honor you always. Jesus, my life is yours.

To Ziya –

Thank you for being the most amazing daughter. It is because of you that I embarked on the most beautiful and intimate relationship with the Lord. I thank Him for bringing you into my life. May you know His love. May you walk courageously in His light. May you always remember that He has plans and a great purpose for you. Bloom, my love.

This is for you.

It is a blessing to meet you in the Gracious to Grow Faith Journal.

As we navigate life, we face shifts, turns, reversals, and even pauses at times. Let me affirm that you are on the best path. A path that God allowed and most importantly, one that He walks with you.

How amazing it is to be **loved** as a child of God.

My prayer is that as you write in this journal, reflecting on your journey, that you meet God in a beautifully intimate way.

He has a plan for you.

This is your season to Grow.

Bloom with grace,

Tiara Randle

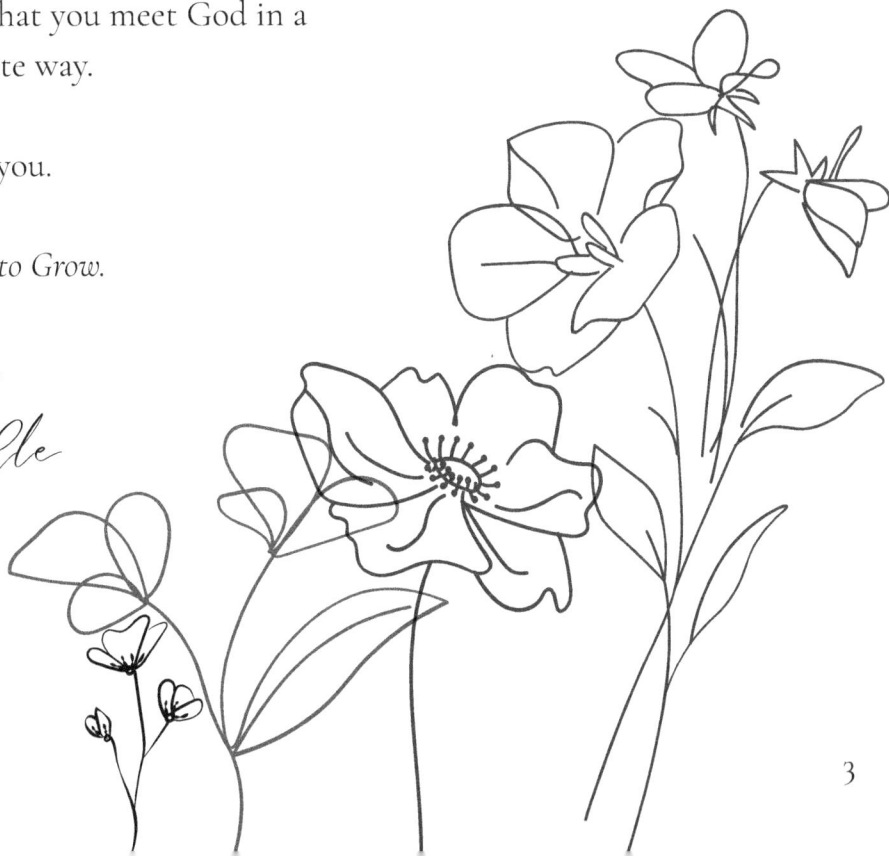

How to use this journal

This faith journal is a special place for you to welcome the love of God and put words to your journey in this sacred season. May God honor your desire to please Him, as you grow into all He's called you to be.

Journal Sections:

- **Free Flow Writing** - You will find two dedicated sections to write about what you're growing through in your day-to-day, on the job, in your relationships, etc. At the top of the page you'll find a line for you to capture what you feel each time you write. If your entry covers multiple pages, simply circle the flower in the right corner (see below image). This indicates that this entry is a continuation.

Date
Time
Location

for continuation

In the location section, document where you are at the moment (ex. at home, park, coffee shop). It helps set the scene for when you revisit your entries.

- **Intentional Questions** - Embedded throughout this journal are two series of guided questions for you to reflect on your growing process, such as: *What is God teaching you in this season?* There are no lines on these particular pages. Feel free to capture your thoughts through writing and/or drawing.

- **Artistic Reflection** - At the end of this journal, you will find two large flowers. This is for you to write words that reflect your transformation areas throughout this season. You are welcome to color them. You have creative freedom. ♡

Write as frequently as everyday, every couple days, or as the Lord moves you.
Find a flow that works for you and get started.

Enter into the Lord's Presence

As you prepare to welcome the hand of God in your growth journey, take a moment to position your heart towards thanksgiving, praise, repentance, and a purposeful prayer.

Ask God to have His way in all areas of your life.

He knew you before you were formed in your mother's womb (Jeremiah 1:5). Allow His love & grace to
restore, refine, and renew you.

Thanksgiving

Thank the Lord for all He has done in your life.

Thanksgiving

Thank the Lord for all He has done in your life.

Praise Him

His name is worthy of all the praise & glory. Talk to Him.

Praise Him

His name is worthy of all the praise & glory. Talk to Him.

Repentance

Be honest about any sin that has hurt God.
Ask your Father for forgiveness. Let Him purify your heart.

_____

_____

_____

_____

_____

_____

_____

_____

_____

_____

_____

_____

_____

_____

_____

_____

_____

_____

_____

_____

Repentance

_____

_____

_____

_____

_____

_____

_____

_____

_____

_____

_____

_____

_____

_____

_____

_____

_____

_____

_____

_____

_____

_____

Purposeful Prayer

Speak to God's heart. What do you need from him?

Purposeful Prayer

Speak to God's heart. What do you need from him?

_____

_____

_____

_____

_____

_____

_____

_____

_____

_____

_____

_____

_____

_____

_____

_____

_____

_____

_____

_____

_____

_____

_____

It's Growing Season

Part One

And of His fullness we have all received, and grace for grace.

John 1:16 NKJV

Date ————————————————

Time ————————————————

Location ———————————————

Word to describe this moment. ————————————————

Grow.

Word to describe this moment. ————————————

————————————————————
————————————————————
————————————————————
————————————————————
————————————————————
————————————————————
————————————————————
————————————————————
————————————————————
————————————————————
————————————————————
————————————————————
————————————————————
————————————————————
————————————————————
————————————————————
————————————————————
————————————————————
————————————————————
————————————————————
————————————————————
————————————————————

Grow.

Date _____

Time _____

Location _____

Word to describe this moment. _____

_____

_____

_____

_____

_____

_____

_____

_____

_____

_____

_____

_____

_____

_____

_____

_____

_____

_____

_____

_____

_____

Grow.

Date ——————————

Time ——————————

Location ——————————

Word to describe this moment. ——————————

Grow.

Date —————————————

Time —————————————

Location —————————————

Word to describe this moment. —————————————

———————————————————————————
———————————————————————————
———————————————————————————
———————————————————————————
———————————————————————————
———————————————————————————
———————————————————————————
———————————————————————————
———————————————————————————
———————————————————————————
———————————————————————————
———————————————————————————
———————————————————————————
———————————————————————————
———————————————————————————
———————————————————————————
———————————————————————————
———————————————————————————
———————————————————————————
———————————————————————————
———————————————————————————
———————————————————————————
———————————————————————————

Grow.

Word to describe this moment. ————————————

————————————————————————————
————————————————————————————
————————————————————————————
————————————————————————————
————————————————————————————
————————————————————————————
————————————————————————————
————————————————————————————
————————————————————————————
————————————————————————————
————————————————————————————
————————————————————————————
————————————————————————————
————————————————————————————
————————————————————————————
————————————————————————————
————————————————————————————
————————————————————————————
————————————————————————————
————————————————————————————
————————————————————————————
————————————————————————————
————————————————————————————
————————————————————————————
————————————————————————————

Grow.

Date ——————————
Time ——————————
Location ——————————

Word to describe this moment. ——————————

———————————————————————————————
———————————————————————————————
———————————————————————————————
———————————————————————————————
———————————————————————————————
———————————————————————————————
———————————————————————————————
———————————————————————————————
———————————————————————————————
———————————————————————————————
———————————————————————————————
———————————————————————————————
———————————————————————————————
———————————————————————————————
———————————————————————————————
———————————————————————————————
———————————————————————————————
———————————————————————————————
———————————————————————————————
———————————————————————————————
———————————————————————————————
———————————————————————————————
———————————————————————————————
———————————————————————————————

Grow.

Date ———————

Time ———————

Location ———————

Word to describe this moment. ———————

———————————————————
———————————————————
———————————————————
———————————————————
———————————————————
———————————————————
———————————————————
———————————————————
———————————————————
———————————————————
———————————————————
———————————————————
———————————————————
———————————————————
———————————————————
———————————————————
———————————————————
———————————————————
———————————————————
———————————————————
———————————————————
———————————————————
———————————————————
———————————————————

Grow.

Word to describe this moment. ————————

————————————————
————————————————
————————————————
————————————————
————————————————
————————————————
————————————————
————————————————
————————————————
————————————————
————————————————
————————————————
————————————————
————————————————
————————————————
————————————————
————————————————
————————————————
————————————————
————————————————
————————————————
————————————————
————————————————

Grow.

Date ——————
Time ——————
Location ——————

Word to describe this moment. ——————

—————————————————————
—————————————————————
—————————————————————
—————————————————————
—————————————————————
—————————————————————
—————————————————————
—————————————————————
—————————————————————
—————————————————————
—————————————————————
—————————————————————
—————————————————————
—————————————————————
—————————————————————
—————————————————————
—————————————————————
—————————————————————
—————————————————————
—————————————————————
—————————————————————
—————————————————————
—————————————————————

Grow.

Date ——————————
Time ——————————
Location ——————————

Word to describe this moment. ——————————

—————————————————————
—————————————————————
—————————————————————
—————————————————————
—————————————————————
—————————————————————
—————————————————————
—————————————————————
—————————————————————
—————————————————————
—————————————————————
—————————————————————
—————————————————————
—————————————————————
—————————————————————
—————————————————————
—————————————————————
—————————————————————
—————————————————————
—————————————————————
—————————————————————
—————————————————————
—————————————————————
—————————————————————

Grow.

Date ————————————

Time ————————————

Location ————————————

Word to describe this moment. ————————————

————————————————————————
————————————————————————
————————————————————————
————————————————————————
————————————————————————
————————————————————————
————————————————————————
————————————————————————
————————————————————————
————————————————————————
————————————————————————
————————————————————————
————————————————————————
————————————————————————
————————————————————————
————————————————————————
————————————————————————
————————————————————————
————————————————————————
————————————————————————
————————————————————————
————————————————————————

Grow.

Word to describe this moment. ———————————

———————————————————————————
———————————————————————————
———————————————————————————
———————————————————————————
———————————————————————————
———————————————————————————
———————————————————————————
———————————————————————————
———————————————————————————
———————————————————————————
———————————————————————————
———————————————————————————
———————————————————————————
———————————————————————————
———————————————————————————
———————————————————————————
———————————————————————————
———————————————————————————
———————————————————————————
———————————————————————————
———————————————————————————
———————————————————————————
———————————————————————————
———————————————————————————

Grow.

Date ——————————
Time ——————————
Location ——————————

Word to describe this moment. ——————————

————————————————————————
————————————————————————
————————————————————————
————————————————————————
————————————————————————
————————————————————————
————————————————————————
————————————————————————
————————————————————————
————————————————————————
————————————————————————
————————————————————————
————————————————————————
————————————————————————
————————————————————————
————————————————————————
————————————————————————
————————————————————————
————————————————————————
————————————————————————
————————————————————————
————————————————————————
————————————————————————
————————————————————————

Grow.

Date _____

Time _____

Location _____

Word to describe this moment. _____

_____
_____
_____
_____
_____
_____
_____
_____
_____
_____
_____
_____
_____
_____
_____
_____
_____
_____
_____
_____
_____
_____

Grow.

Word to describe this moment. ———————

Grow.

Date —————————

Time —————————

Location —————————

Word to describe this moment. —————————

_____

_____

_____

_____

_____

_____

_____

_____

_____

_____

_____

_____

_____

_____

_____

_____

_____

_____

_____

_____

_____

Grow.

Date ————————
Time ————————
Location ————————

Word to describe this moment. ————————

_____
_____
_____
_____
_____
_____
_____
_____
_____
_____
_____
_____
_____
_____
_____
_____
_____
_____
_____
_____
_____
_____
_____
_____

Grow.

Date ——————————
Time ——————————
Location ——————————

Word to describe this moment. ——————————

_____
_____
_____
_____
_____
_____
_____
_____
_____
_____
_____
_____
_____
_____
_____
_____
_____
_____
_____
_____
_____
_____

Grow.

Date _____

Time _____

Location _____

Word to describe this moment. _____

_____
_____
_____
_____
_____
_____
_____
_____
_____
_____
_____
_____
_____
_____
_____
_____
_____
_____
_____
_____
_____
_____
_____

Grow.

Date ——————————

Time ——————————

Location ——————————

Word to describe this moment. ——————————

——————————————————————————
——————————————————————————
——————————————————————————
——————————————————————————
——————————————————————————
——————————————————————————
——————————————————————————
——————————————————————————
——————————————————————————
——————————————————————————
——————————————————————————
——————————————————————————
——————————————————————————
——————————————————————————
——————————————————————————
——————————————————————————
——————————————————————————
——————————————————————————
——————————————————————————
——————————————————————————
——————————————————————————
——————————————————————————
——————————————————————————
——————————————————————————

Grow.

Word to describe this moment. ——————————

———————————————————————
———————————————————————
———————————————————————
———————————————————————
———————————————————————
———————————————————————
———————————————————————
———————————————————————
———————————————————————
———————————————————————
———————————————————————
———————————————————————
———————————————————————
———————————————————————
———————————————————————
———————————————————————
———————————————————————
———————————————————————
———————————————————————
———————————————————————
———————————————————————
———————————————————————
———————————————————————

Grow.

Date ——————————————

Time ——————————————

Location ——————————————

Word to describe this moment. ——————————————

———————————————————————————————

———————————————————————————————

———————————————————————————————

———————————————————————————————

———————————————————————————————

———————————————————————————————

———————————————————————————————

———————————————————————————————

———————————————————————————————

———————————————————————————————

———————————————————————————————

———————————————————————————————

———————————————————————————————

———————————————————————————————

———————————————————————————————

———————————————————————————————

———————————————————————————————

———————————————————————————————

———————————————————————————————

———————————————————————————————

———————————————————————————————

Grow.

Date _____

Time _____

Location _____

Word to describe this moment. _____

_____

_____

_____

_____

_____

_____

_____

_____

_____

_____

_____

_____

_____

_____

_____

_____

_____

_____

_____

_____

_____

Grow.

Date ——————————
Time ——————————
Location ——————————

Word to describe this moment. ——————————

_____
_____
_____
_____
_____
_____
_____
_____
_____
_____
_____
_____
_____
_____
_____
_____
_____
_____
_____
_____
_____
_____
_____
_____

Grow.

Time _____
Location _____

Word to describe this moment. _____

_____
_____
_____
_____
_____
_____
_____
_____
_____
_____
_____
_____
_____
_____
_____
_____
_____
_____
_____
_____
_____
_____

Grow.

Date _____

Time _____

Location _____

Word to describe this moment. _____

_____

_____

_____

_____

_____

_____

_____

_____

_____

_____

_____

_____

_____

_____

_____

_____

_____

_____

_____

_____

_____

_____

Grow.

Date ——————————

Time ——————————

Location ——————————

Word to describe this moment. ——————————

——————————————————————
——————————————————————
——————————————————————
——————————————————————
——————————————————————
——————————————————————
——————————————————————
——————————————————————
——————————————————————
——————————————————————
——————————————————————
——————————————————————
——————————————————————
——————————————————————
——————————————————————
——————————————————————
——————————————————————
——————————————————————
——————————————————————
——————————————————————
——————————————————————
——————————————————————
——————————————————————
——————————————————————

Grow.

Date ——————————
Time ——————————
Location ——————————

Word to describe this moment. ——————————

———————————————————
———————————————————
———————————————————
———————————————————
———————————————————
———————————————————
———————————————————
———————————————————
———————————————————
———————————————————
———————————————————
———————————————————
———————————————————
———————————————————
———————————————————
———————————————————
———————————————————
———————————————————
———————————————————
———————————————————
———————————————————
———————————————————
———————————————————
———————————————————

Grow.

Date ——————————

Time ——————————

Location ———————————

Word to describe this moment. ———————————

———————————————————————
———————————————————————
———————————————————————
———————————————————————
———————————————————————
———————————————————————
———————————————————————
———————————————————————
———————————————————————
———————————————————————
———————————————————————
———————————————————————
———————————————————————
———————————————————————
———————————————————————
———————————————————————
———————————————————————
———————————————————————
———————————————————————
———————————————————————
———————————————————————
———————————————————————
———————————————————————
———————————————————————
———————————————————————

Grow.

Date ———————————

Time ———————————

Location ———————————

Word to describe this moment. ———————————

———————————————————————————

———————————————————————————

———————————————————————————

———————————————————————————

———————————————————————————

———————————————————————————

———————————————————————————

———————————————————————————

———————————————————————————

———————————————————————————

———————————————————————————

———————————————————————————

———————————————————————————

———————————————————————————

———————————————————————————

———————————————————————————

———————————————————————————

———————————————————————————

———————————————————————————

———————————————————————————

———————————————————————————

Grow.

Word to describe this moment. ——————————

_____
_____
_____
_____
_____
_____
_____
_____
_____
_____
_____
_____
_____
_____
_____
_____
_____
_____
_____
_____
_____
_____

Grow.

Word to describe this moment. ———————————

Grow.

Word to describe this moment. ———————————

———————————————————————
———————————————————————
———————————————————————
———————————————————————
———————————————————————
———————————————————————
———————————————————————
———————————————————————
———————————————————————
———————————————————————
———————————————————————
———————————————————————
———————————————————————
———————————————————————
———————————————————————
———————————————————————
———————————————————————
———————————————————————
———————————————————————
———————————————————————
———————————————————————
———————————————————————
———————————————————————

Grow.

Word to describe this moment. —————————

_____
_____
_____
_____
_____
_____
_____
_____
_____
_____
_____
_____
_____
_____
_____
_____
_____
_____
_____
_____
_____

Grow.

Date ——————————

Time ——————————

Location ——————————

Word to describe this moment. ——————————

_____

_____

_____

_____

_____

_____

_____

_____

_____

_____

_____

_____

_____

_____

_____

_____

_____

_____

_____

_____

_____

_____

Grow.

Date ———————————

Time ———————————

Location ———————————

Word to describe this moment. ———————————

———————————————————
———————————————————
———————————————————
———————————————————
———————————————————
———————————————————
———————————————————
———————————————————
———————————————————
———————————————————
———————————————————
———————————————————
———————————————————
———————————————————
———————————————————
———————————————————
———————————————————
———————————————————
———————————————————
———————————————————
———————————————————
———————————————————
———————————————————
———————————————————
———————————————————
———————————————————
———————————————————
———————————————————

Grow.

Date ——————————————

Time ——————————————

Location ——————————————

Word to describe this moment. ——————————————

———————————————————————————
———————————————————————————
———————————————————————————
———————————————————————————
———————————————————————————
———————————————————————————
———————————————————————————
———————————————————————————
———————————————————————————
———————————————————————————
———————————————————————————
———————————————————————————
———————————————————————————
———————————————————————————
———————————————————————————
———————————————————————————
———————————————————————————
———————————————————————————
———————————————————————————
———————————————————————————
———————————————————————————
———————————————————————————
———————————————————————————

Grow.

Date _____
Time _____
Location _____

Word to describe this moment. _____

_____
_____
_____
_____
_____
_____
_____
_____
_____
_____
_____
_____
_____
_____
_____
_____
_____
_____
_____
_____
_____
_____

Grow.

Word to describe this moment. ——————————

Grow.

Date ——————————

Time ——————————

Location ——————————

Word to describe this moment. ——————————

_____
_____
_____
_____
_____
_____
_____
_____
_____
_____
_____
_____
_____
_____
_____
_____
_____
_____
_____
_____
_____
_____
_____

Grow.

Date ——————————

Time ——————————

Location ——————————

Word to describe this moment. ——————————

_____

_____

_____

_____

_____

_____

_____

_____

_____

_____

_____

_____

_____

_____

_____

_____

_____

_____

_____

_____

_____

_____

_____

_____

_____

Grow.

Date _____

Time _____

Location _____

Word to describe this moment. _____

_____

_____

_____

_____

_____

_____

_____

_____

_____

_____

_____

_____

_____

_____

_____

_____

_____

_____

_____

_____

_____

Grow.

Word to describe this moment. ——————————

_____

_____

_____

_____

_____

_____

_____

_____

_____

_____

_____

_____

_____

_____

_____

_____

_____

_____

_____

_____

_____

Grow.

Date ———————
Time ———————
Location ———————

Word to describe this moment. ———————

_____
_____
_____
_____
_____
_____
_____
_____
_____
_____
_____
_____
_____
_____
_____
_____
_____
_____
_____
_____
_____
_____
_____
_____

Grow.

Date ——————————

Time ——————————

Location ——————————

Word to describe this moment. ——————————

————————————————————————————
————————————————————————————
————————————————————————————
————————————————————————————
————————————————————————————
————————————————————————————
————————————————————————————
————————————————————————————
————————————————————————————
————————————————————————————
————————————————————————————
————————————————————————————
————————————————————————————
————————————————————————————
————————————————————————————
————————————————————————————
————————————————————————————
————————————————————————————
————————————————————————————
————————————————————————————
————————————————————————————
————————————————————————————
————————————————————————————
————————————————————————————

Grow.

Date ————————————

Time ————————————

Location ————————————

Word to describe this moment. ————————————

————————————————————————————
————————————————————————————
————————————————————————————
————————————————————————————
————————————————————————————
————————————————————————————
————————————————————————————
————————————————————————————
————————————————————————————
————————————————————————————
————————————————————————————
————————————————————————————
————————————————————————————
————————————————————————————
————————————————————————————
————————————————————————————
————————————————————————————
————————————————————————————
————————————————————————————
————————————————————————————
————————————————————————————
————————————————————————————

Grow.

Date ——————————

Time ——————————

Location ——————————

Word to describe this moment. ——————————

_____
_____
_____
_____
_____
_____
_____
_____
_____
_____
_____
_____
_____
_____
_____
_____
_____
_____
_____
_____
_____
_____
_____
_____

Grow.

Date ——————————

Time ——————————

Location ——————————

Word to describe this moment. ——————————

_____

_____

_____

_____

_____

_____

_____

_____

_____

_____

_____

_____

_____

_____

_____

_____

_____

_____

_____

_____

_____

Grow.

Date _____

Time _____

Location _____

Word to describe this moment. _____

_____
_____
_____
_____
_____
_____
_____
_____
_____
_____
_____
_____
_____
_____
_____
_____
_____
_____
_____
_____
_____
_____
_____
_____
_____

Grow.

What is God teaching you in this season?

How are you embracing growth?

How are you shedding mindsets and behaviors that no longer serve you?

How are you making room for
God's blessings?

What boundaries do you have in place
to protect your growth?

In which areas have you seen the most growth?

How has God shown you grace
in this season?

It's Growing Season

Part Two

And He said to me, "My grace is sufficient for you, for My strength is made perfect in weakness." Therefore most gladly I will rather boast in my infirmities, that the power of Christ may rest upon me.

2 Corinthians 12:9 NKJV

Date _____

Time _____

Location _____

Word to describe this moment. _____

_____
_____
_____
_____
_____
_____
_____
_____
_____
_____
_____
_____
_____
_____
_____
_____
_____
_____
_____
_____
_____
_____
_____
_____

Grow.

Date ———————————

Time ———————————

Location ———————————

Word to describe this moment. ———————————

Grow.

Date _____
Time _____
Location _____

Word to describe this moment. _____

_____
_____
_____
_____
_____
_____
_____
_____
_____
_____
_____
_____
_____
_____
_____
_____
_____
_____
_____
_____
_____
_____
_____

Grow.

Date ——————————

Time ——————————

Location ——————————

Word to describe this moment. ——————————

_____

_____

_____

_____

_____

_____

_____

_____

_____

_____

_____

_____

_____

_____

_____

_____

_____

_____

_____

_____

_____

_____

_____

Grow.

Date ——————————

Time ——————————

Location ——————————

Word to describe this moment. ——————————

_____

_____

_____

_____

_____

_____

_____

_____

_____

_____

_____

_____

_____

_____

_____

_____

_____

_____

_____

_____

_____

_____

Grow.

Word to describe this moment. ———————————

—————————————————————————
—————————————————————————
—————————————————————————
—————————————————————————
—————————————————————————
—————————————————————————
—————————————————————————
—————————————————————————
—————————————————————————
—————————————————————————
—————————————————————————
—————————————————————————
—————————————————————————
—————————————————————————
—————————————————————————
—————————————————————————
—————————————————————————
—————————————————————————
—————————————————————————
—————————————————————————
—————————————————————————

Grow.

Date ———————————

Time ———————————

Location ———————————

Word to describe this moment. ———————————

———————————————————————
———————————————————————
———————————————————————
———————————————————————
———————————————————————
———————————————————————
———————————————————————
———————————————————————
———————————————————————
———————————————————————
———————————————————————
———————————————————————
———————————————————————
———————————————————————
———————————————————————
———————————————————————
———————————————————————
———————————————————————
———————————————————————
———————————————————————
———————————————————————
———————————————————————
———————————————————————
———————————————————————

Grow.

Date ————————
Time ————————
Location ————————

Word to describe this moment. ————————

——————————————————————————————
——————————————————————————————
——————————————————————————————
——————————————————————————————
——————————————————————————————
——————————————————————————————
——————————————————————————————
——————————————————————————————
——————————————————————————————
——————————————————————————————
——————————————————————————————
——————————————————————————————
——————————————————————————————
——————————————————————————————
——————————————————————————————
——————————————————————————————
——————————————————————————————
——————————————————————————————
——————————————————————————————
——————————————————————————————
——————————————————————————————
——————————————————————————————
——————————————————————————————

Grow.

Date —————————

Time —————————

Location —————————

Word to describe this moment. —————————

——————————————————————————————
——————————————————————————————
——————————————————————————————
——————————————————————————————
——————————————————————————————
——————————————————————————————
——————————————————————————————
——————————————————————————————
——————————————————————————————
——————————————————————————————
——————————————————————————————
——————————————————————————————
——————————————————————————————
——————————————————————————————
——————————————————————————————
——————————————————————————————
——————————————————————————————
——————————————————————————————
——————————————————————————————
——————————————————————————————
——————————————————————————————

Grow.

Date ———————————
Time ———————————
Location ———————————

Word to describe this moment. ———————————

———————————————————————
———————————————————————
———————————————————————
———————————————————————
———————————————————————
———————————————————————
———————————————————————
———————————————————————
———————————————————————
———————————————————————
———————————————————————
———————————————————————
———————————————————————
———————————————————————
———————————————————————
———————————————————————
———————————————————————
———————————————————————
———————————————————————
———————————————————————
———————————————————————
———————————————————————
———————————————————————

Grow.

Date _____
Time _____
Location _____

Word to describe this moment. _____

_____
_____
_____
_____
_____
_____
_____
_____
_____
_____
_____
_____
_____
_____
_____
_____
_____
_____
_____
_____
_____
_____
_____

Grow.

Date ——————————

Time ——————————

Location ——————————

Word to describe this moment. ——————————

_____

_____

_____

_____

_____

_____

_____

_____

_____

_____

_____

_____

_____

_____

_____

_____

_____

_____

_____

_____

_____

_____

Grow.

Date ———————————

Time ———————————

Location ———————————

Word to describe this moment. ———————————

———————————————————————
———————————————————————
———————————————————————
———————————————————————
———————————————————————
———————————————————————
———————————————————————
———————————————————————
———————————————————————
———————————————————————
———————————————————————
———————————————————————
———————————————————————
———————————————————————
———————————————————————
———————————————————————
———————————————————————
———————————————————————
———————————————————————
———————————————————————
———————————————————————
———————————————————————

Grow.

Word to describe this moment. ———————

_____
_____
_____
_____
_____
_____
_____
_____
_____
_____
_____
_____
_____
_____
_____
_____
_____
_____
_____
_____
_____

Grow.

Date ———————————

Time ———————————

Location ———————————

Word to describe this moment. ———————————

———————————————————————
———————————————————————
———————————————————————
———————————————————————
———————————————————————
———————————————————————
———————————————————————
———————————————————————
———————————————————————
———————————————————————
———————————————————————
———————————————————————
———————————————————————
———————————————————————
———————————————————————
———————————————————————
———————————————————————
———————————————————————
———————————————————————
———————————————————————
———————————————————————
———————————————————————
———————————————————————

Grow.

Date —————————

Time —————————

Location —————————

Word to describe this moment. —————————

_____

_____

_____

_____

_____

_____

_____

_____

_____

_____

_____

_____

_____

_____

_____

_____

_____

_____

_____

_____

_____

_____

_____

_____

_____

Grow.

Word to describe this moment. _____

_____
_____
_____
_____
_____
_____
_____
_____
_____
_____
_____
_____
_____
_____
_____
_____
_____
_____
_____
_____
_____
_____

Grow.

Word to describe this moment. ———————————

———————————————————————————
———————————————————————————
———————————————————————————
———————————————————————————
———————————————————————————
———————————————————————————
———————————————————————————
———————————————————————————
———————————————————————————
———————————————————————————
———————————————————————————
———————————————————————————
———————————————————————————
———————————————————————————
———————————————————————————
———————————————————————————
———————————————————————————
———————————————————————————
———————————————————————————
———————————————————————————
———————————————————————————

Grow.

Date _____

Time _____

Location _____

Word to describe this moment. _____

_____

_____

_____

_____

_____

_____

_____

_____

_____

_____

_____

_____

_____

_____

_____

_____

_____

_____

_____

_____

_____

_____

_____

Grow.

Date —————————

Time —————————

Location —————————

Word to describe this moment. —————————

—————————————————
—————————————————
—————————————————
—————————————————
—————————————————
—————————————————
—————————————————
—————————————————
—————————————————
—————————————————
—————————————————
—————————————————
—————————————————
—————————————————
—————————————————
—————————————————
—————————————————
—————————————————
—————————————————
—————————————————
—————————————————
—————————————————
—————————————————
—————————————————

Grow.

Date ——————————

Time ——————————

Location ——————————

Word to describe this moment. ——————————

————————————————————————

————————————————————————

————————————————————————

————————————————————————

————————————————————————

————————————————————————

————————————————————————

————————————————————————

————————————————————————

————————————————————————

————————————————————————

————————————————————————

————————————————————————

————————————————————————

————————————————————————

————————————————————————

————————————————————————

————————————————————————

————————————————————————

————————————————————————

————————————————————————

————————————————————————

Grow.

Date _____
Time _____
Location _____

Word to describe this moment. _____

_____
_____
_____
_____
_____
_____
_____
_____
_____
_____
_____
_____
_____
_____
_____
_____
_____
_____
_____
_____
_____
_____

Grow.

Date ——————————

Time ——————————

Location ——————————

Word to describe this moment. ——————————

———————————————————————
———————————————————————
———————————————————————
———————————————————————
———————————————————————
———————————————————————
———————————————————————
———————————————————————
———————————————————————
———————————————————————
———————————————————————
———————————————————————
———————————————————————
———————————————————————
———————————————————————
———————————————————————
———————————————————————
———————————————————————
———————————————————————
———————————————————————
———————————————————————
———————————————————————
———————————————————————
———————————————————————
———————————————————————

Grow.

Date —————————

Time —————————

Location —————————

Word to describe this moment. —————————

————————————————————
————————————————————
————————————————————
————————————————————
————————————————————
————————————————————
————————————————————
————————————————————
————————————————————
————————————————————
————————————————————
————————————————————
————————————————————
————————————————————
————————————————————
————————————————————
————————————————————
————————————————————
————————————————————
————————————————————
————————————————————
————————————————————
————————————————————
————————————————————

Grow.

Date ——————————
Time ——————————
Location ——————————

Word to describe this moment. ——————————

————————————————————
————————————————————
————————————————————
————————————————————
————————————————————
————————————————————
————————————————————
————————————————————
————————————————————
————————————————————
————————————————————
————————————————————
————————————————————
————————————————————
————————————————————
————————————————————
————————————————————
————————————————————
————————————————————
————————————————————
————————————————————
————————————————————
————————————————————

Grow.

Word to describe this moment. ———————

Grow.

Date ———————————

Time ———————————

Location ———————————

Word to describe this moment. ———————————

————————————————————
————————————————————
————————————————————
————————————————————
————————————————————
————————————————————
————————————————————
————————————————————
————————————————————
————————————————————
————————————————————
————————————————————
————————————————————
————————————————————
————————————————————
————————————————————
————————————————————
————————————————————
————————————————————
————————————————————
————————————————————
————————————————————
————————————————————

Grow.

Date ———————

Time ———————

Location ———————

Word to describe this moment. ———————

_____

_____

_____

_____

_____

_____

_____

_____

_____

_____

_____

_____

_____

_____

_____

_____

_____

_____

_____

_____

_____

_____

Grow.

Date _____
Time _____
Location _____

Word to describe this moment. _____

_____
_____
_____
_____
_____
_____
_____
_____
_____
_____
_____
_____
_____
_____
_____
_____
_____
_____
_____
_____
_____
_____
_____

Grow.

Word to describe this moment. ————————————

————————————————————————
————————————————————————
————————————————————————
————————————————————————
————————————————————————
————————————————————————
————————————————————————
————————————————————————
————————————————————————
————————————————————————
————————————————————————
————————————————————————
————————————————————————
————————————————————————
————————————————————————
————————————————————————
————————————————————————
————————————————————————
————————————————————————
————————————————————————
————————————————————————
————————————————————————
————————————————————————

Grow.

Date ——————————
Time ——————————
Location ——————————

Word to describe this moment. ——————————

_____

_____

_____

_____

_____

_____

_____

_____

_____

_____

_____

_____

_____

_____

_____

_____

_____

_____

_____

_____

_____

_____

Grow.

Date ———————————————
Time ———————————————
Location ———————————————

Word to describe this moment. ———————————

———————————————————————————
———————————————————————————
———————————————————————————
———————————————————————————
———————————————————————————
———————————————————————————
———————————————————————————
———————————————————————————
———————————————————————————
———————————————————————————
———————————————————————————
———————————————————————————
———————————————————————————
———————————————————————————
———————————————————————————
———————————————————————————
———————————————————————————
———————————————————————————
———————————————————————————
———————————————————————————
———————————————————————————
———————————————————————————
———————————————————————————
———————————————————————————

Grow.

Date ————————————

Time ————————————

Location ————————————

Word to describe this moment. ————————————

_____

_____

_____

_____

_____

_____

_____

_____

_____

_____

_____

_____

_____

_____

_____

_____

_____

_____

_____

_____

_____

_____

Grow.

Date ————————————

Time ————————————

Location ————————————

Word to describe this moment. ————————————

————————————————————————
————————————————————————
————————————————————————
————————————————————————
————————————————————————
————————————————————————
————————————————————————
————————————————————————
————————————————————————
————————————————————————
————————————————————————
————————————————————————
————————————————————————
————————————————————————
————————————————————————
————————————————————————
————————————————————————
————————————————————————
————————————————————————
————————————————————————
————————————————————————
————————————————————————

Grow.

Date ——————————

Time ——————————

Location ——————————

Word to describe this moment. ——————————

Grow.

Date _____

Time _____

Location _____

Word to describe this moment. _____

_____
_____
_____
_____
_____
_____
_____
_____
_____
_____
_____
_____
_____
_____
_____
_____
_____
_____
_____
_____
_____
_____
_____

Grow.

Date ————————————
Time ————————————
Location ————————————

Word to describe this moment. ————————————

———————————————————————
———————————————————————
———————————————————————
———————————————————————
———————————————————————
———————————————————————
———————————————————————
———————————————————————
———————————————————————
———————————————————————
———————————————————————
———————————————————————
———————————————————————
———————————————————————
———————————————————————
———————————————————————
———————————————————————
———————————————————————
———————————————————————
———————————————————————
———————————————————————
———————————————————————
———————————————————————

Grow.

Date —————————

Time —————————

Location —————————

Word to describe this moment. —————————

—————————————————
—————————————————
—————————————————
—————————————————
—————————————————
—————————————————
—————————————————
—————————————————
—————————————————
—————————————————
—————————————————
—————————————————
—————————————————
—————————————————
—————————————————
—————————————————
—————————————————
—————————————————
—————————————————
—————————————————
—————————————————
—————————————————

Grow.

Date ——————————

Time ——————————

Location ——————————

Word to describe this moment. ——————————

————————————————————
————————————————————
————————————————————
————————————————————
————————————————————
————————————————————
————————————————————
————————————————————
————————————————————
————————————————————
————————————————————
————————————————————
————————————————————
————————————————————
————————————————————
————————————————————
————————————————————
————————————————————
————————————————————
————————————————————
————————————————————
————————————————————

Grow.

Date ——————————
Time ——————————
Location ——————————

Word to describe this moment. ——————————

————————————————————
————————————————————
————————————————————
————————————————————
————————————————————
————————————————————
————————————————————
————————————————————
————————————————————
————————————————————
————————————————————
————————————————————
————————————————————
————————————————————
————————————————————
————————————————————
————————————————————
————————————————————
————————————————————
————————————————————
————————————————————
————————————————————
————————————————————
————————————————————

Grow.

Date ———————————

Time ———————————

Location ———————————

Word to describe this moment. ———————————

_____

_____

_____

_____

_____

_____

_____

_____

_____

_____

_____

_____

_____

_____

_____

_____

_____

_____

_____

_____

_____

Grow.

Date ————————
Time ————————
Location ————————

Word to describe this moment. ————————

_____
_____
_____
_____
_____
_____
_____
_____
_____
_____
_____
_____
_____
_____
_____
_____
_____
_____
_____
_____
_____

Grow.

Word to describe this moment. ——————————

——————————————————————
——————————————————————
——————————————————————
——————————————————————
——————————————————————
——————————————————————
——————————————————————
——————————————————————
——————————————————————
——————————————————————
——————————————————————
——————————————————————
——————————————————————
——————————————————————
——————————————————————
——————————————————————
——————————————————————
——————————————————————
——————————————————————
——————————————————————
——————————————————————
——————————————————————
——————————————————————

Grow.

Date ——————————

Time ——————————

Location ——————————

Word to describe this moment. ——————————

———————————————————————
———————————————————————
———————————————————————
———————————————————————
———————————————————————
———————————————————————
———————————————————————
———————————————————————
———————————————————————
———————————————————————
———————————————————————
———————————————————————
———————————————————————
———————————————————————
———————————————————————
———————————————————————
———————————————————————
———————————————————————
———————————————————————
———————————————————————
———————————————————————
———————————————————————
———————————————————————
———————————————————————

Grow.

Date ——————————

Time ——————————

Location ——————————

Word to describe this moment. ——————————

———————————————————————————

———————————————————————————

———————————————————————————

———————————————————————————

———————————————————————————

———————————————————————————

———————————————————————————

———————————————————————————

———————————————————————————

———————————————————————————

———————————————————————————

———————————————————————————

———————————————————————————

———————————————————————————

———————————————————————————

———————————————————————————

———————————————————————————

———————————————————————————

———————————————————————————

———————————————————————————

———————————————————————————

———————————————————————————

———————————————————————————

Grow.

Word to describe this moment. _____

_____
_____
_____
_____
_____
_____
_____
_____
_____
_____
_____
_____
_____
_____
_____
_____
_____
_____
_____
_____
_____

Grow.

Date ———————

Time ———————

Location ———————

Word to describe this moment. ———————

———————————————————
———————————————————
———————————————————
———————————————————
———————————————————
———————————————————
———————————————————
———————————————————
———————————————————
———————————————————
———————————————————
———————————————————
———————————————————
———————————————————
———————————————————
———————————————————
———————————————————
———————————————————
———————————————————
———————————————————
———————————————————
———————————————————
———————————————————
———————————————————

Grow.

Word to describe this moment. ———————

———————————————
———————————————
———————————————
———————————————
———————————————
———————————————
———————————————
———————————————
———————————————
———————————————
———————————————
———————————————
———————————————
———————————————
———————————————
———————————————
———————————————
———————————————
———————————————
———————————————
———————————————
———————————————
———————————————

Grow.

Date ————————————
Time ————————————
Location ————————————

Word to describe this moment. ————————————

————————————————————————
————————————————————————
————————————————————————
————————————————————————
————————————————————————
————————————————————————
————————————————————————
————————————————————————
————————————————————————
————————————————————————
————————————————————————
————————————————————————
————————————————————————
————————————————————————
————————————————————————
————————————————————————
————————————————————————
————————————————————————
————————————————————————
————————————————————————
————————————————————————
————————————————————————
————————————————————————

Grow.

Word to describe this moment. _____

_____
_____
_____
_____
_____
_____
_____
_____
_____
_____
_____
_____
_____
_____
_____
_____
_____
_____
_____
_____
_____
_____

Grow.

How are you honoring God in this season?

How are you watering/taking care of yourself?

When was the last time you slowed down?

What is God pruning?

What song, person, or activity has brought you joy during this season of growth?

How has your faith been strengthened?
Share the works you have put forth.

Reflections

Gracious to Grow

How did you grow throughout this journal?
Write your reflections on the petals of this flower.

Gracious to Grow

How did you grow throughout this journal?
Write your reflections on the petals of this flower.

Next Chapter

What has God called you to do in this next chapter?

_____
_____
_____
_____
_____
_____
_____
_____
_____
_____
_____
_____
_____
_____
_____
_____
_____
_____
_____
_____
_____
_____

Are you ready to answer the call? How so?

_____
_____
_____
_____
_____
_____
_____
_____
_____
_____
_____
_____
_____
_____
_____
_____
_____
_____
_____
_____
_____
_____

A note for you:

May the Lord bless you exceedingly
& abundantly as you continue
walking in His perfect will.

Grace & Peace,

Tiara

Stay connected on Instagram @gracioustogrow